Skyler
in
North Africa

سْكَيْلَر فِي شَمَالِ إِفْرِيقْيا

Fatima Zahra Taleb

AuthorHouse™
1663 Liberty Drive
Bloomington, IN 47403
www.authorhouse.com
Phone: 1 (800) 839-8640

Published by AuthorHouse 02/25/2020

ISBN: 978-1-7283-4792-9 (sc)
ISBN: 978-1-7283-4791-2 (e)

Library of Congress Control Number: 2020903568

Print information available on the last page.

authorHOUSE®

Skyler
in
North Africa

سْكَيْلَر فِي شَمَالِ إِفْرِيقْيا

سْكَيْلَر فِي الْمَغْرِبِ

سْكَيْلَر تُحَلِّقُ فَوْقَ عَاصِمَةِ الْمَغْرِبِ الرِّبَاطِ

سْكَيْلَر الآنَ فِي الْمَدِينَةِ الزَّرْقَاءِ شَفْشَاوَن

سْكَيْلَر تَتَمَتَّعُ بِأَشِعَّةِ الشَّمْسِ فِي الْمَدِينَةِ الحَمْرَاءِ مُرَاكُشَ

وَأَخِيرًا، سْكَيْلَر فِي شَمَالِ الْمَغْرِبِ فِي مَدِينَةِ طَنْجَةِ

Skyler in Morocco

Skyler flies over Morocco's capital, Rabat

Skyler is now in The Blue City, Chefchaouen

Skyler enjoys sunshine in The Red City, Marrakesh

Finally, Skyler is in northern Morocco in Tangier

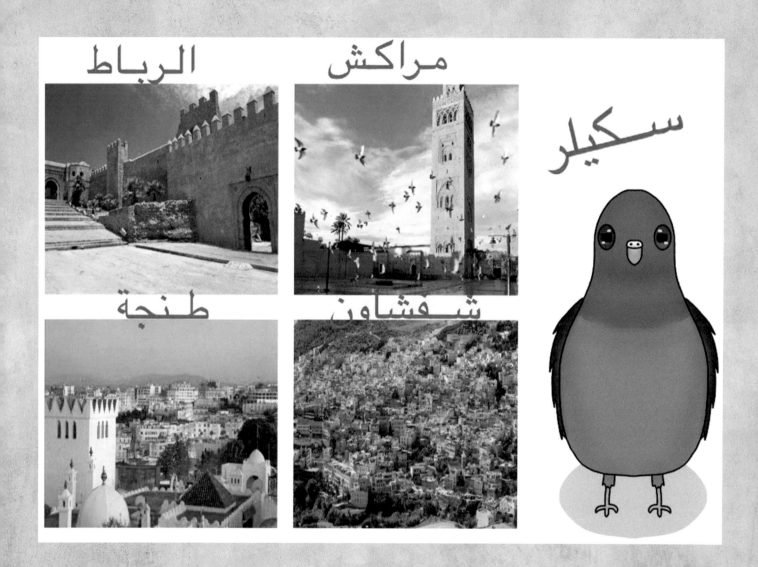

الرباط مراكش سكيلر
طنجة شفشاون

سْكَيْلَر فِي الْجَزَائِرِ

سكَيلَر تُحَلِّقُ فَوْقَ عَاصِمَةِ الْجَزَائِرِالْجَزَائِرِ

سكَيلَر تَتَمَتَّعُ بِجَمَالِ مَدِينَةِ قُسَنْطِينَةَ

سكَيلَر الآنَ فِيْ سَمَاءِ مَدِينَةِ وَهْرَانَ الرَائِعَةِ

وَأَخِيرًا، سكَيلَر فِي شَمَالِ الْجَزَائِرِ فِي مَدِينَةِ عَنَّابَة

Skyler in Algeria

Skyler flies over Algeria's capital, Algiers

Skyler enjoys the beauty of the city of Constantine

Skyler is now in the sky of the magnificent city of Oran

Finally, Skyler is in northern Algeria in The City of Annaba

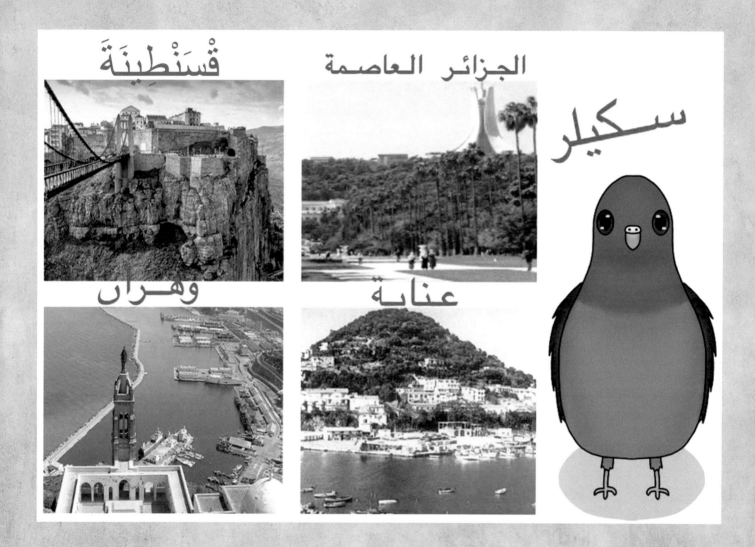

سكيلر

الجزائر العاصمة

قْسَنْطِينَةَ

عنابة

وهران

سكَيلَر فِي تونُسَ

سكَيلَر تُحلِّقُ فَوْقَ الْمَدِينَةِ القَدِيمَةِ القَيْرَوَانِ

سكَيلَر الآنَ فِي عَاصِمَةِ تُونُسَ مَدِينَةِ تُونُسِ

سكَيلَر تَتَمَتَّعُ بِجَوِّ مَدينَةِ الحَمَّامَاتِ

وَأَخِيرًا، سكَيلَر فِي جَنُوبِ تونُسِ فِي مَدينَة صَفَاقِسِ الجَمِيلَةِ

Skyler in Tunisia

Skyler flies over the old city - Kairouan

Skyler is now in the capital of Tunisia, Tunis

Skyler enjoys the atmosphere of The City of Hammamet

Finally, Skyler is in southern Tunisia in the beautiful city of Sfax

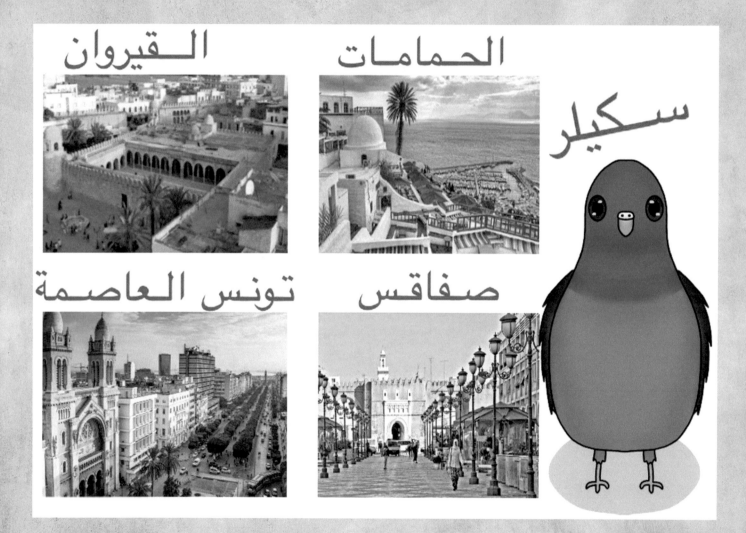

سكيلر

الحمامات

القيروان

صفاقس

تونس العاصمة

سكَيلَر فِي لِيبْيَا

سكَيلَر تُحلِّقُ فَوْقَ عَاصِمَةِ لِيبْيَا مَدِينَةِ طَرَابُلُس

سكَيلَر الآنَ فِي الْمَدِينَةِ التَّارِيخِيَّةِ مَدِينَةِ صَبْرَاتَةِ

سكَيلَر تَتَمَتَّعُ بِجَمَالِ مَدِينَةِ طُبُرُقِ السَّاحِلِيَّةِ

وَأَخِيرًا، سكَيلَر فِي مَدِينَةِ بَنْغَازِي الْكَبِيرَةِ

Skyler in Libya

Skyler flies over Libya's capital, Tripoli

Skyler is now in the historic city of Sabratha.

Skyler enjoys the beauty of the coastal city of Tobruk

Finally, Skyler is in the great city of Benghazi.

سكيلر

صبراتة

طرابلس

طبرق

بنغازي

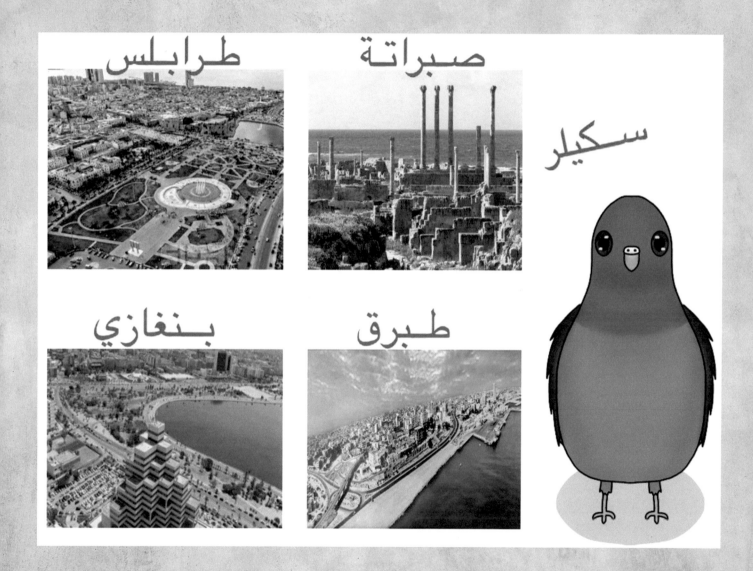

سكَيلَر فِي مِصْرَ

سكَيلَر تُحَلِّقُ فَوْقَ الأَهْرَامَاتِ فِي مَدِينَةِ الْقَاهِرَةِ

سكَيلَرَالآنَ فِي مَدِينَةِ الشَّمْسِ الأَقْصُرِ

سكَيلَر تَتَمَتَّعُ بِشَوَاطِئِ مَدِينَةِ شَرْمِ الشَّيْخِ

وَأَخِيرًا، سكَيلَر فِي مَدِينَةِ الإِسكَنْدَرِيَّةِ الْخَلَّابَةِ

Skyler in Egypt

Skyler flies over the pyramids in Cairo

Skyler is now in the city of Luxor, the Sun City.

Skyler enjoys the beaches of Sharm El-Sheikh

Finally, Skyler is in the picturesque city of Alexandria.

سكيلر

الإسكندرية

القاهرة

شرم الشيخ

الأقصر

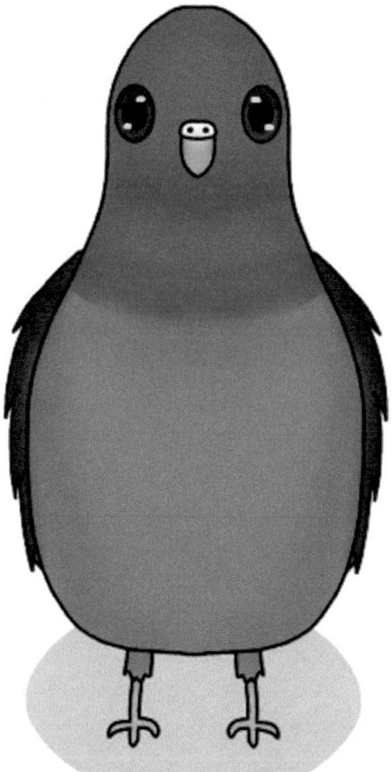

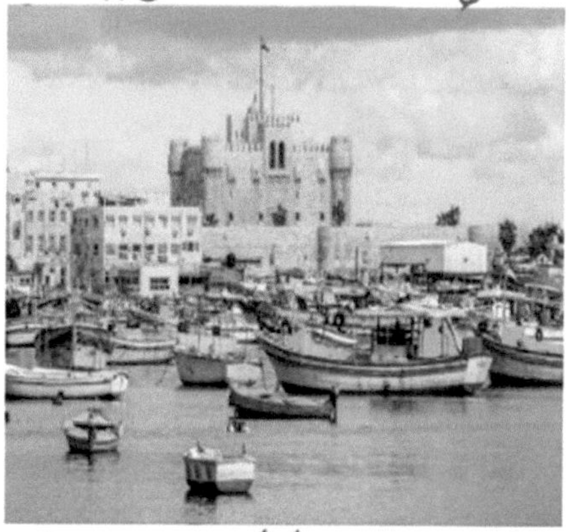

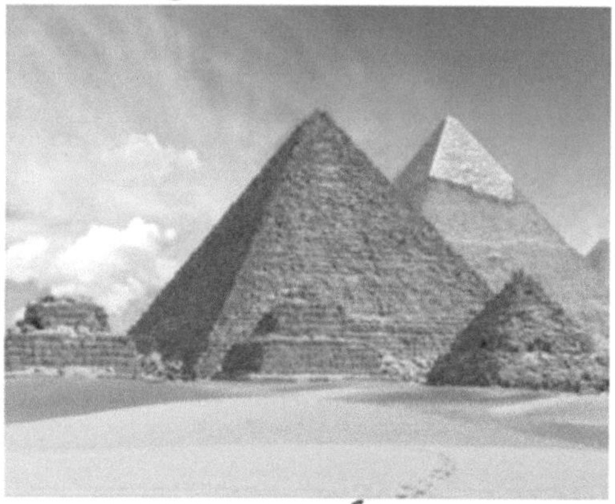

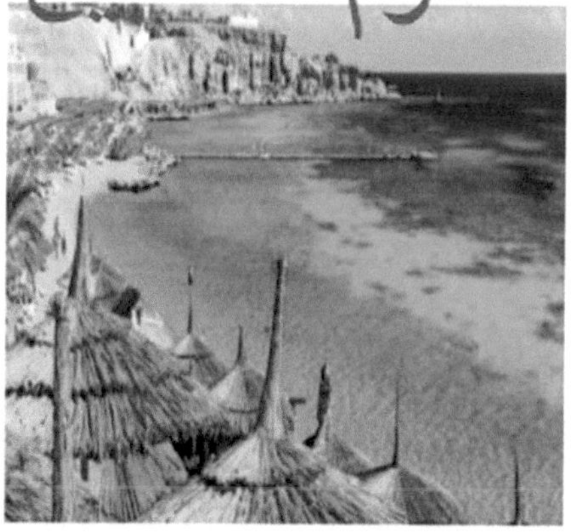

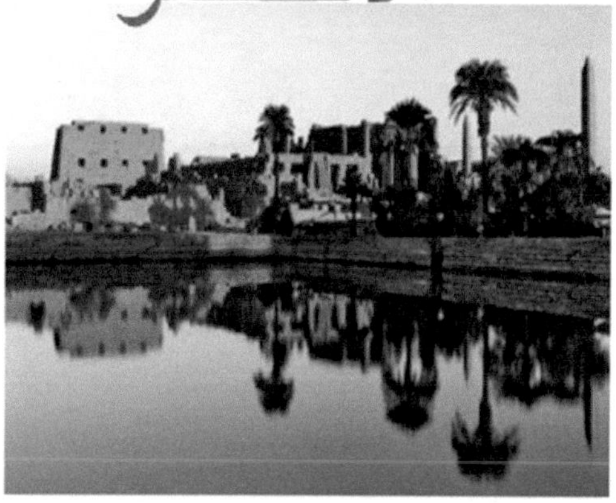